AF378232

CPSIA information can be obtained
at www.ICGtesting.com
Printed in the USA
BVHW012305010323
659544BV00011B/58

الأستاذة نورة عبيد السلمي إنسانة بسيطة جدًّا، مُحِبَّة لعملها، ومتعاوِنة مع الجميع، تَطمح لتطوير ذاتها وللتميُّز، تسعى لوصول طالباتها لقمَّة التفوُّق والتميُّز.

قصتي مع التعلم عن بعد في جائحة كورونا

سلسلة قصص زهرات المستقبل للصف الأول الابتدائي

فكرة وتأليف: أ. نورة عبيد السلمي

AUSTIN MACAULEY PUBLISHERS™

LONDON • CAMBRIDGE • NEW YORK • SHARJAH

الإهـــداء

إلى حكومتنا الحبيبة التي عملَت جاهدةً لكَي تحافظ على صِحَّة الجميع بتوفير التعليم لأبنائها مِن خلال مِنَصَّة مدرستي، كما أُهديها إلى أَمِّي الغالية التي ترافقني دعواتها أينما كنتُ، وإلى أُسرتي التي تساندني، وقائدتي الفاضلة التي تشجِّعني وتدعمني، وصديقاتي اللاتي ترافقني دعواتهنُّ، وأولياء أمور طالباتي الأعزَّاء.

حقوق النشر © أ. نورة عبيد السلمي 2023

تمتلك أ. **نورة عبيد السلمي** الحق كمؤلفة لهذا العمل، وفقاً للقانون الاتحادي رقم (7) لدولة الإمارات العربية المتحدة، لسنة 2002 م، في شأن حقوق المؤلف والحقوق المجاورة.

جميع الحقوق محفوظة

لا يحق إعادة إنتاج أي جزء من هذا الكتاب، أو تخزينه، أو نقله، أو نسخه بأي وسيلة ممكنة؛ سواء كانت إلكترونية، أو ميكانيكية، أو نسخة تصويرية، أو تسجيلية، أو غير ذلك دون الحصول على إذن مسبق من الناشرين.

أي شخص يرتكب أي فعل غير مصرح به في سياق المذكور أعلاه، قد يكون عرضة للمقاضاة القانونية والمطالبات المدنية بالتعويض عن الأضرار.

الرقم الدولي الموحد للكتاب 9789948801160 (غلاف ورقي)

الرقم الدولي الموحد للكتاب 9789948801177 (كتاب إلكتروني)

رقم الطلب: MC-10-01-5177165

التصنيف العمري: E

تم تصنيف وتحديد الفئة العمرية التي تلائم محتوى الكتب وفقا لنظام التصنيف العمري الصادر عن وزارة الثقافة والشباب.

الطبعة الأولى 2023

أوستن ماكولي للنشر م. م. ح

مدينة الشارقة للنشر

صندوق بريد [519201]

الشارقة، الإمارات العربية المتحدة

www.austinmacauley.ae

+971 655 95 202

شكر وتقدير

أشكر الله تعالى على النِّعَم التي أنعمَ بها عليَّ، كما أشكر حكومتنا الرشيدة حماها الله، ووزارة التعليم، ووزارة الصحة، لِمَا عملوا مِن أجل سلامتنا، وتوفير التعلُّم عن بُعد، وفُرصتي في تأليف هذه القصة مع طالباتي، وتحدِّي الصِّعاب للوصول إلى الإبداع.

كما أشكر قائدتي وأولياء أمور طالباتي المساهِمات في القصة، وجميع مَن ساندَني وشجَّعني للسَّعي لنَشر هذه القصة.

المقدمة

الْحَمْدُ لِلَّهِ رَبِّ الْعَالَمِينَ الَّذِي أَعْطَانِي الْعَقْلَ الَّذِي أُفَكِّرُ بِهِ، وَأَنَارَ طَرِيقِي وَشَغَلَ جَمِيعَ أَوْقَاتِي بِالْأَعْمَالِ النَّافِعَةِ، وَيَسَّرَ لِي أُمُورِي، وَأَحْمَدُهُ سُبْحَانَهُ وَتَعَالَى، وَأَشْكُرُهُ عَلَى نِعَمِهِ جَمِيعِهَا الظَّاهِرِ مِنْهَا وَالْبَاطِنِ.

وَمِنْ أَسْفَلَ سِتَارِ الْعِلْمِ وَالْمَعْرِفَةِ بِهَذَا الْوَقْتِ الْمَلِيءِ بِفَيْرُوسٍ كَئِيبٍ اسْمُهُ كُورُونَا.. اسْتَطَعْتُ أَنْ أَقْطِفَ لَكُمْ مَجْمُوعَةً مِنَ الْكَلِمَاتِ الْمُمَيَّزَةِ وَالْمَشَاعِرِ الْمُخْتَلِطَةِ وَالرَّغْبَةِ وَالتَّحَدِّي وَالْقُوَى.

أَتْرُكُ لَكُمْ هَذِهِ الْقِصَصَ الَّتِي تُعَبِّرُ عَنْ رِحْلَةِ كِفَاحِي، وَكِفَاحِ طَالِبَاتِي طَالِبَاتِ الصَّفِّ الْأَوَّلِ الِابْتِدَائِيِّ 3/1..

الفهرس

عناصر القصة

عنوان القصة

قِصَّتِي مَعَ التَّعَلُّمِ عَنْ بُعْدٍ فِي جَائِحَةِ كُورُونَا.

الشخصيات

- الْمُعَلِّمَةُ.
- الطَّالِبَاتُ.
- أَوْلِيَاءُ الْأُمُورِ.

الزمان

- بِدَايَةُ الْعَامِ.
- زَمَنُ كُورُونَا.
- وَقْتُ الْحِصَّةِ.

المكان

- الْمَنْزِلُ.
- مِنَصَّةُ مَدْرَسَتِي.

أَصْبَحْنَا كَعَادَتِنَا لِلِاسْتِعْدَادِ لِلذَّهَابِ إِلَى مَدَارِسِنَا، وَنُفَاجَأُ بِخَبَرِ تَعْلِيقِ الدِّرَاسَةِ، وَتَكْمِلَةِ بَاقِي الْعَامِ الدِّرَاسِيّ عَنْ بُعْدٍ مِنْ خِلَالِ

مِنَصَّاتِ التَّعْلِيمِ الَّتِي حَدَّدَتْهَا وِزَارَةُ التَّعْلِيمِ لِجَمِيعِ الْمَرَاحِلِ، وَقَدْ حَدَّدَتْ لِلْمَرْحَلَةِ الِابْتِدَائِيَّةِ مَنْظُومَةَ التَّعْلِيمِ الْمُوَحَّدِ، وَلِلْمَرْحَلَتَيْنِ الْمُتَوَسِّطَةِ وَالثَّانَوِيَّةِ بَوَّابَةَ الْمُسْتَقْبَلِ،

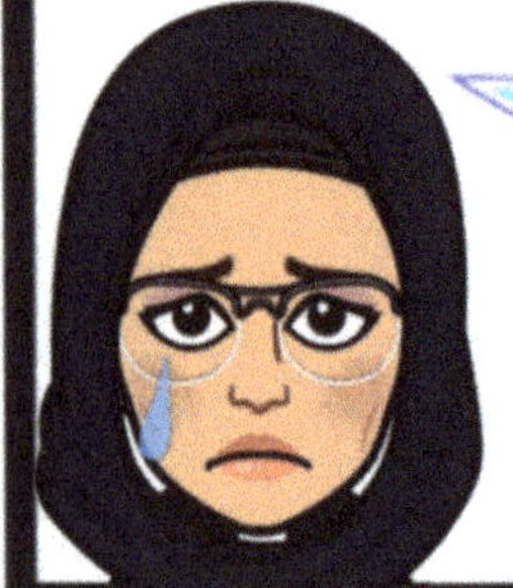

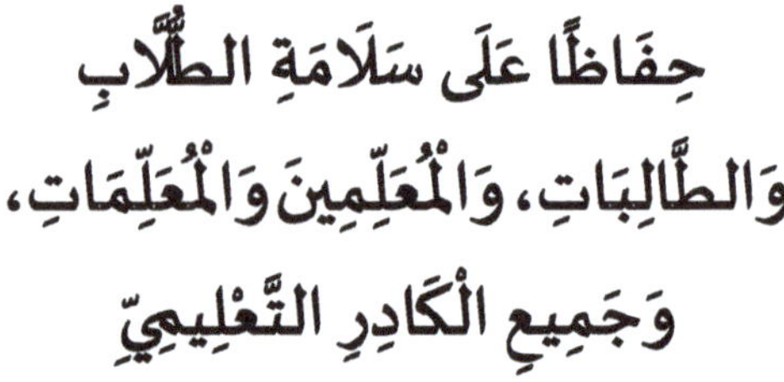

حِفَاظًا عَلَى سَلَامَةِ الطُّلَّابِ وَالطَّالِبَاتِ، وَالْمُعَلِّمِينَ وَالْمُعَلِّمَاتِ، وَجَمِيعِ الْكَادِرِ التَّعْلِيمِيّ

بِتَكْمِلَةِ بَاقِي الْعَامِ عَنْ بُعْدٍ مِنْ خِلَالِ الْمِنَصَّاتِ الْمُقَرَّرَةِ لِكُلِّ مَرْحَلَةٍ،

وَلَكِنَّ الْمُشْكِلَةَ لَيْسَتْ هُنَا!

عِنْدَمَا بَدَأَ الْعَامُ الْحَالِيّ 1441-1442 هُنَا بَدَأَتْ قِصَّتِي وَهِي

كَيْفَ أُعَلِّمُهُنَّ الْإِمْسَاكَ بِالْقَلَمِ، وَكَيْفَ أُعَلِّمُهُنَّ الْحُرُوفَ، وَكَيْفَ وَكَيْفَ، وَأَسْئِلَةٌ كَثِيرَةٌ تَدُورُ في مُخَيِّلَتِي.

قَصَمَتْ بُرْهَةً مِنَ الزَّمَنِ وَأَنَا أَحْمِلُ غُصَّةً في حَلْقِي.. هَذَا أَنَا أَقُولُ ذَلِكَ! فَمَا شُعُورُ طِفْلَةٍ تَحْمِلُ في دَاخِلِهَا

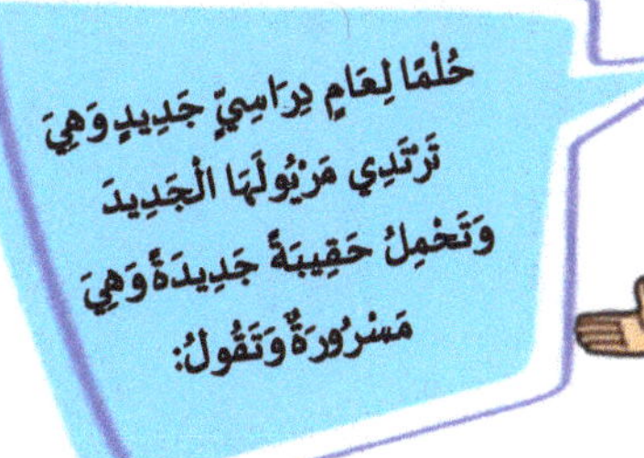

أَنَا سَأَذْهَبُ إِلَى الْمَدْرَسَةِ وَأَلْتَقِي مُعَلِّمَاتِي وَصَدِيقَاتِي وَأَرَى مَدْرَسَتِي وَأَتَعَرَّفُ عَلَى أُرْجَائِهَا؟

فَهُنَا قُلْنَا فَلْنَتَّحِدْ سَوِيًّا، وَنَتَخَطَّ كُلَّ الصِّعَابِ، وَنَقِفْ يَدًا بِيَدٍ، وَنُسَاعِد حُكُومَتَنَا في تَخَطِّي هَذَا الْوَبَاءِ، وَنَعْمَلْ جَمِيعًا تَحْتَ شِعَارِ "كُلُّنَا مَسْؤُولُونَ.. كُلُّنَا نَقْدِرُ".

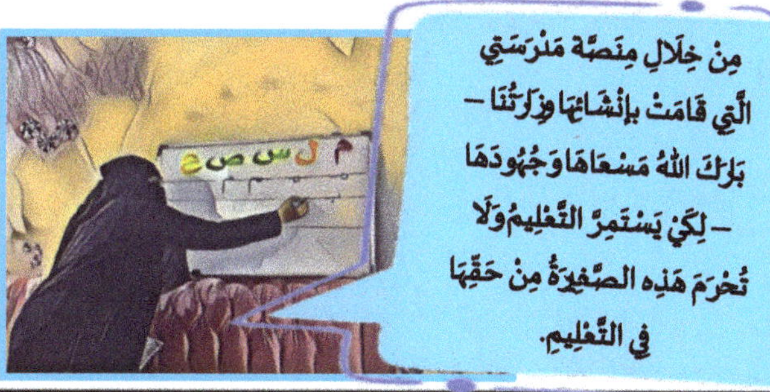

وَقَبِلْنَا التَّحَدِّي أَنَا وَصَغِيرَاتِي، فَتَعَاوَنَّا سَوِيًّا، وَللهِ الْحَمْدُ وَالْمِنَّةُ وُفِّقْتُ بِمُسَاعَدَةِ قَائِدَتِي الْفَاضِلَةِ الَّتِي لَهَا دَوْرٌ عَظِيمٌ في مُسَانَدَتِي وَتَعَاوُنِهَا مَعِي في عَمَلِ وِرَشٍ تَدْرِيبِيَّةٍ لِأَوْلِيَاءِ الْأُمُورِ مِنْ خِلَالِ تَطْبِيقِ التِّيمْز.

لِتَسْهِيلِ عَمَلِيَّةِ التَّعْلِيمِ عَنْ بُعْدٍ اسْتَطَعْتُ بِفَضْلٍ مِنَ اللهِ وَمِنَّتِهِ وَبِمُسَاعَدَةِ أَوْلِيَاءِ الْأُمُورِ كَسْبَ حُبِّ وَاحْتِرَامِ صَغِيرَاتِي، وَأَصْبَحْنَ قَادِرَاتٍ عَلَى

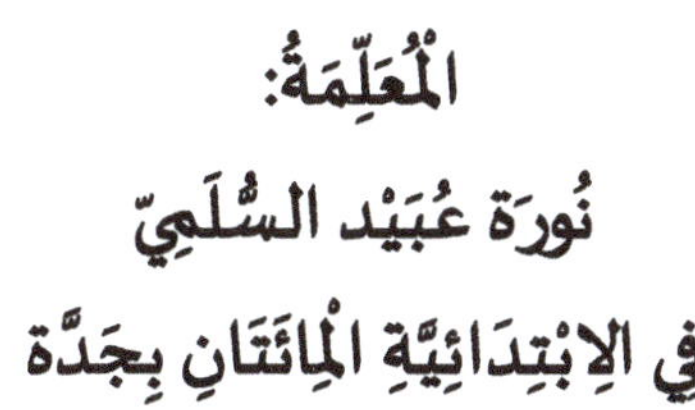

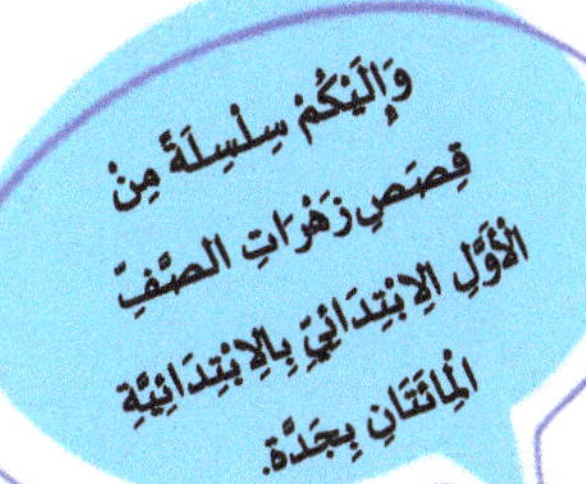

الْمُعَلِّمَةُ:
نُورَة عُبَيْد السُّلَمِيّ
في الْابْتِدَائِيَّةِ الْمِائَتَانِ بِجَدَّة

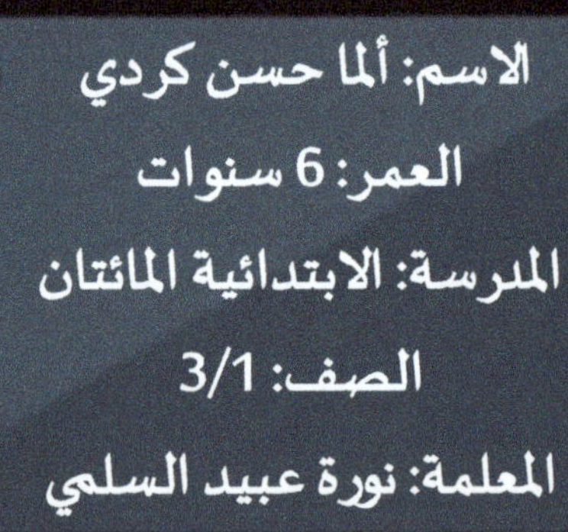

أَنَا أَلْمَا، وَهَذِهِ قِصَّتِي مَعَ التَّعْلِيمِ عَنْ بُعْدٍ.

فَقَدْ أَصْبَحْتُ كَبِيرَةً، وَتَخَرَّجْتُ فِي التَّمْهِيدِيِّ وَعَالَمِي الصَّغِيرِ.

كُنْتُ مُسْتَعِدَّةً لِلِقَاءِ صَدِيقَاتِي الْجَدِيدَاتِ وَمُعَلِّمَاتِي.

لَمْ تَسَعْنِي الْفَرْحَةُ، فَأَخْبَرْتُ أُمِّي

وَلٰكِنَّ أُمِّي أَخَذَتْنِي بِخَبَرٍ أَحْزَنَنِي
وَهُوَ أَنَّنِي لَنْ أَذْهَبَ هٰذَا الْعَامَ لِلْمَدْرَسَةِ
بِسَبَبِ جَائِحَةِ كُورُونَا، وَأَنَّنَا سَنَتَعَلَّمُ عَنْ بُعْدٍ.
فَكَيْفَ لِي أَنْ أَتَعَرَّفَ عَلَى صَدِيقَاتِي وَمُعَلِّمَاتِي؟
لٰكِنَّ دَوْلَتَنَا رَعَاهَا اللّٰهُ جَعَلَتْنَا نَتَعَلَّمُ وَكَأَنَّنَا فِي الْمَدْرَسَةِ،
فَتَعَلَّمْتُ الْقِرَاءَةَ وَالْكِتَابَةَ بِطَرِيقَةٍ رَائِعَةٍ.
تَعَرَّفْتُ عَلَى صَدِيقَاتِي وَمُعَلِّمَاتِي وَأَحْبَبْتُهُنَّ..
شُكْرًا لَكُنَّ،
وَأَرْجُو أَنْ نَلْتَقِيَ فِي خَيْرٍ وَعَلَى خَيْرٍ.
الطَّالِبَةُ:
أَلْمَا حَسَنْ كُرْدِيٌّ
فِي الِابْتِدَائِيَّةِ الْمِائَتَانِ بِجَدَّة.

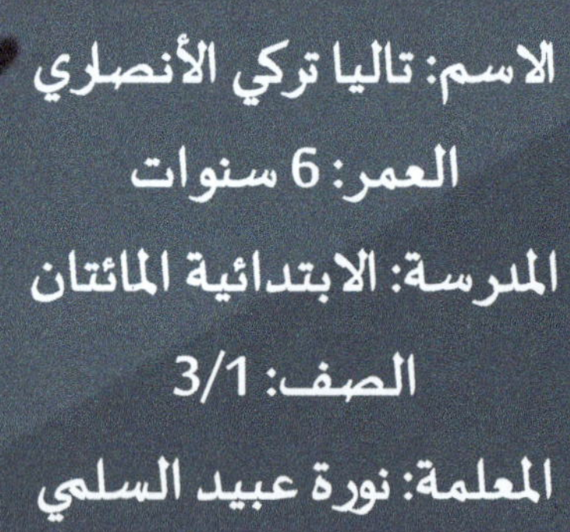

السَّلَامُ عَلَيْكُمْ..
أنا زميلتكم تَالِيَا الْأَنْصَارِيُّ،

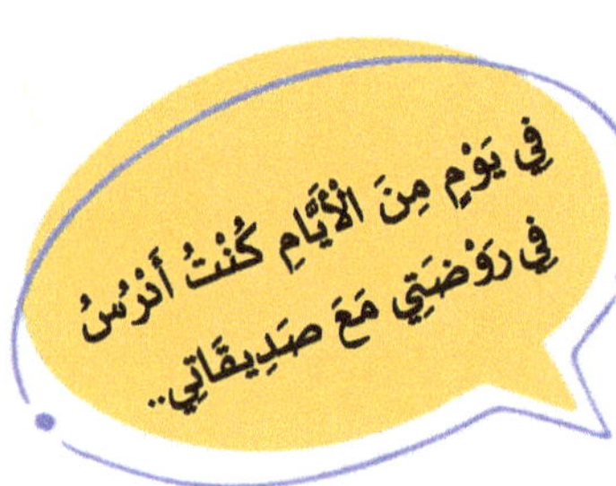

جَاءَنَا خَبَرُ تَعْلِيقِ الدِّرَاسَةِ بِسَبَبِ فَيْرُوسِ كُورُونَا الْخَطِيرِ!

كُنْتُ أَحْلُمُ بِلِبْسِ مَرْيُولِي الْجَدِيدِ، وَحَمْلِ حَقِيبَتِي، وَالذَّهَابِ لِلْمَدْرَسَةِ،

وَلٰكِنَّ حُكُومَتي قَالَتْ إِنَّ التَّعْليمَ سَيَسْتَمِرُّ عَنْ بُعْدٍ مِنْ خِلالِ أَجْهِزَةِ الْحاسُوب.
وَبِمُسَاعَدَةِ مَامَا الْغَالِيَةِ اسْتَطَعْتُ التَّوَاصُلَ مَعَ مُعَلِّمَاتي.
تَعَلَّمْتُ الْقِرَاءَةَ وَالْكِتَابَةَ وَأُصُولَ الدِّينِ.
أَنَا سَعِيدَةٌ لِأَنِّي أَسْتَطِيعُ الْقِرَاءَةَ.
هَيَّا يَا صَدِيقَاتي.. لِنُشَارِكَ.. لِنَتَفَاعَلَ.. لِنُوَاصِلَ التَّعْليمَ؛
لِكَيْ نُسَاهِمَ في بِنَاءِ هَذَا الْوَطَنِ الْمِعْطَاءِ.
فَأَتَمَنَّى عِنْدَمَا أَكْبُرُ أَنْ أُصْبِحَ مُعَلِّمَةً
كَمُعَلِّمَتي الْفَاضِلَةِ نُورَة عُبَيْد السُّلَمِيّ، فَلَنْ أَنْسَاكِ مُعَلِّمَتي.. شُكْرًا لَكِ،
الطَّالِبَةُ: تَالِيَا تُرْكِيّ الْأَنْصَاريّ في الاِبْتِدَائِيَّةِ الْمِائَتَانِ بِجَدَّة.
وَشُكْرًا وَطَني وَمَلِكي.

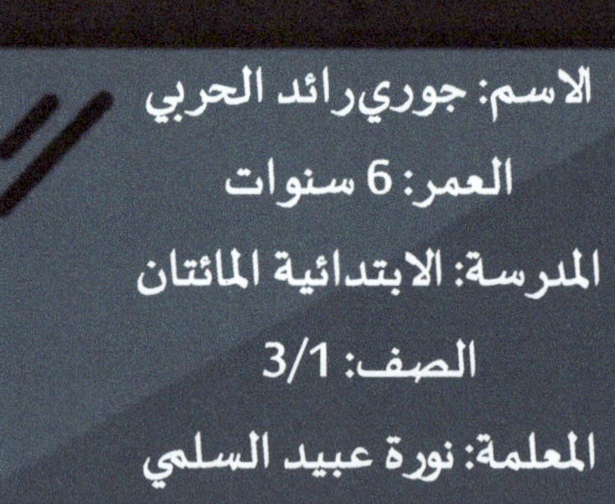

الاسم: جوري رائد الحربي
العمر: 6 سنوات
المدرسة: الابتدائية المائتان
الصف: 3/1
المعلمة: نورة عبيد السلمي

السَّلَامُ عَلَيْكُمْ وَرَحْمَةُ اللهِ وَبَرَكَاتُهُ.
مَرْحَبًا يَا أَصْدِقَائِي، أَنَا جوري رائد الْحَرْبِيّ، طَالِبَةٌ فِي الْمَدْرَسَةِ الْمِائَتَان.
الْيَوْمَ سَأُحَدِّثُكُمْ عَنْ قِصَّةِ التَّعَلُّمِ عَنْ بُعْدٍ.

كَمَا تَعْلَمُونَ جَمِيعًا بِأَنَّ دِرَاسَتَنَا لِهَذَا الْعَامِ أَصْبَحَتْ عَنْ بُعْدٍ،
بِفَضْلِ اللهِ ثُمَّ بِفَضْلِ مُعَلِّمَتِي نُورَة السُّلَمِيّ الَّتِي أَتَاحَتْ لِي هَذِهِ الْفُرْصَةَ.
فَجْأَةً أَصْبَحَتْ دِرَاسَتِي فِي مَنْزِلِي، وَوَجَدْتُ أَمَامِي جِهَازًا لَمْ أَعْتَدْ عَلَى اسْتِخْدَامِهِ،
فَقَدْ كُنْتُ مُتَحَمِّسَةً جِدًّا لِأَبْدَأَ مَسِيرَتِي التَّعْلِيمِيَّةَ وَأَذْهَبَ إِلَى مَدْرَسَتِي مَعَ أَخَوَاتِي.

فَقَدْ كُنْتُ خَائِفَةً، وَلَكِنِّي كُنْتُ أَتَذَكَّرُ مَا تَقُولُهُ لِي وَالِدَتِي.
سَتَكُونُ صِعَابُ الْيَوْمِ حَدِيثًا مُؤْنِسًا ذَاتَ يَوْمٍ.
فَقَرَّرْتُ أَلَّا أَسْمَحَ لِفَيْرُوسِ كُورُونَا
أَنْ يُعِيقَنِي عَنْ تَحْقِيقِ أَحْلَامِي حَتَّى إِنْ لَمْ أَذْهَبْ إِلَى الْمَدْرَسَةِ.
سَأَظَلُّ بِنَفْسِ الْحَمَاسَةِ وَالِانْضِبَاطِ.. أَنَا فَخُورَةٌ بِنَفْسِي،
وَهَا هُوَ الْعَامُ الدِّرَاسِيُّ يَنْتَهِي، وَمَازِلْنَا نَتَعَلَّمُ عَنْ بُعْدٍ،
وَلَكِنِّي أَصْبَحْتُ قَادِرَةً عَلَى الْقِرَاءَةِ وَالْكِتَابَةِ بِطَلَاقَةٍ.
شُكْرًا لِمُعَلِّمَتِي الَّتِي حَوَّلَتْ مَنْزِلِي إِلَى يَوْمٍ دِرَاسِيٍّ بِنَفْسِ الْعَطَاءِ وَنَفْسِ الْحُبِّ.
شُكْرًا لِوَالِدَيَّ وَوَطَنِي الْغَالِي.
الطَّالِبَةُ: جُورِي رَائِد الْحَرْبِيّ. فِي الِابْتِدَائِيَّةِ الْمِائَتَانِ بِجَدَّة.

السَّلَامُ عَلَيْكُمْ وَرَحْمَةُ اللهِ وَبَرَكَاتُهُ..
أَنَا حُورٌ هَانِئ السُّلَمِيّ..
سَأَقُولُ لَكُمْ رِحْلَتِي فِي زَمَنِ كُورُونَا.

وَكُنْتُ أَتَجَهَّزُ لِلذَّهَابِ إِلَى مَدْرَسَتِي الْجَمِيلَةِ، وَرُؤْيَةِ مُعَلِّمَاتِي الْقَدِيرَاتِ،

وَلَكِنَّ هَذَا الْعَامَ عَامٌ اسْتِثْنَائِيٌّ؛ فَقَدِ ابْتُلِينَا فِيهِ بِوَبَاءٍ أَصَابَ الْعَالَمَ كُلَّهُ،

وَلَكِنَّ قِيَادَتَنَا الرَّشِيدَةَ الدَّاعِمَةَ لِلْعِلْمِ وَالْعُلَمَاءِ
-- نَعَمْ أَقُولُهَا بِكُلِّ فَخْرٍ – أَكَّدَتْ عَلَى اسْتِمْرَارِ مَسِيرَةِ التَّعْلِيمِ،
وَلَكِنَّ هَذِهِ الْمَرَّةَ وَمَعَ الْجَائِحَةِ سَيَكُونُ تَعْلِيمُنَا عَنْ بُعْدٍ حِفَاظًا عَلَى صِحَّةِ الْجَمِيعِ.
وَفِعْلًا كَانَ عَامًا دِرَاسِيًّا جَمِيلًا حَافِلًا بِالْجِدِّ وَالِاجْتِهَادِ.
الشُّكْرُ لِلَّهِ تَعَالَى أَوَّلًا وَأَخِرًا.
أَشْكُرُ وَالِدَيَّ وَمُعَلِّمَاتِي الْقَدِيرَاتِ،
وَأَخُصُّ مُعَلِّمَتِي الْأُسْتَاذَةَ نُورَةَ السُّلَمِي
بِالشُّكْرِ وَالثَّنَاءِ وَالدُّعَاءِ لِجُهُودِهَا مَعَنَا،
وَلَنْ نَنْسَاهَا مَا حَيِينَا إِنْ شَاءَ اللَّهُ.
الطَّالِبَةُ:
حُورٌ هَانِئ السُّلَمِيّ.
فِي الِابْتِدَائِيَّةِ الْمِائَتَانِ بِجَدَّة.

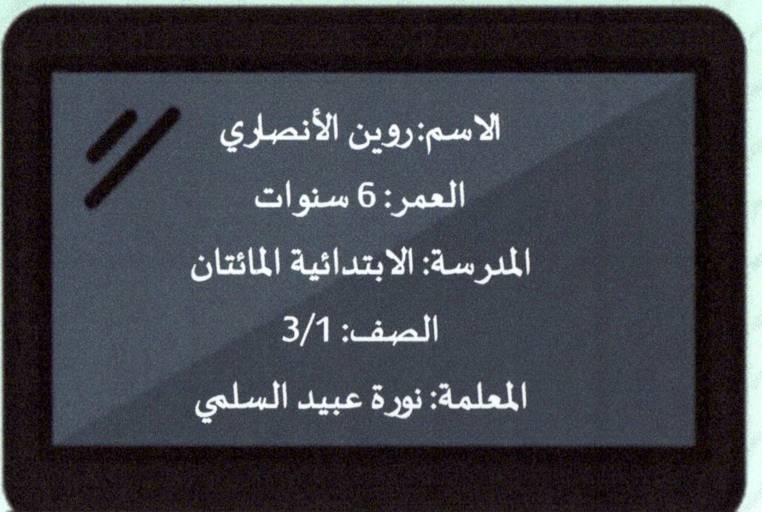

السَّلَامُ عَلَيْكُمْ وَرَحْمَةُ اللهِ وَبَرَكَاتُهُ..
أَنَا صَدِيقَتُكُمْ رَوَيْنُ الْأَنْصَارِيّ،
أَقُصُّ عَلَيْكُمْ قِصَّتِي مَعَ التَّعَلُّمِ
عَنْ بُعْدٍ.

وَأَتَأَمَّلُ فِي أَغْرَاضِي الْمَدْرَسِيَّةِ الْجَدِيدَةِ
وَحَقِيبَتِي ذَاتِ اللَّوْنِ
الْوَرْدِيّ الْجَمِيلِ..

أَقْلَامِي وَدَفَاتِرِي ذَاتِ
الْغِلَافِ الْجَمِيلِ،

وَتَقُولُ لِي: عُودِي إِلَى نَوْمِكِ يَا بُنَيَّتِي، مَوْعِدُ الدِّرَاسَةِ السَّاعَةُ الثَّالِثَةُ مَسَاءً.
وَظَهَرَتْ عَلَى مَلَامِحِي الدَّهْشَةُ!
فَإِذَا أُمِّي تُخْبِرُنِي بِتَغْيِيرِ مَوْعِدِ الدِّرَاسَةِ.
لِمَاذَا يَا أُمِّي؟
بِسَبَبِ جَائِحَةِ كُورُونَا سَوْفَ يَكُونُ التَّعَلُّمُ عَنْ بُعْدٍ
عَنْ طَرِيقِ مِنَصَّةِ وِزَارَةِ التَّعْلِيمِ بِاسْتِخْدَامِ الْحَاسِبِ الْآلِيّ.
حَزِنْتُ كَثِيرًا لِأَنَّنِي لَنْ أَرَى صَدِيقَاتِي وَمُعَلِّمَاتِي.
خِفْتُ كَثِيرًا مِنْ مُشْكِلَاتِ الدِّرَاسَةِ
وَبِمُسَاعَدَةِ أُمِّي وَمُعَلِّمَتِي تَجَاوَزْتُ هَذِهِ الْمُشْكِلَاتِ.
الطَّالِبَةُ: رَوَيْن الْأَنْصَارِيّ. في الِابْتِدَائِيَّةِ الْمِائَتَانِ بِجَدَّةَ.

الاسم: كيان القرني
العمر: 6 سنوات
المدرسة: الابتدائية المائتان
الصف: 1/3
المعلمة: نورة عبيد السلمي
السَّلَامُ عَلَيْكُمْ..
أَنَا كيان الْقَرْنيّ..
سَأَحْكي لَكُمْ قِصَّتي قَبْلَ بَدءِ الْعَامِ الدِّراسيّ
ذَهَبْتُ واشْتَرَيْتُ حَقيبَتي
وَأَقْلَامي وَدَفَاتِري وَمَرْيُولي الْجَميلَ،
وَكُنْتُ فَرِحَةً جِدًّا لِقُرْبِ مَوْعِدِ الدِّراسَةِ،
وَلكِنَّ أُمّي أخْبَرَتْني أنَّ الدِّراسَةَ في الْمَنْزِلِ عَن بُعْدٍ

بِسَبَبِ جَائِحَةِ كُورُونَا،
وَأَنَّنِي سَأَتَوَاصَلُ مَعَ مُعَلِّمَتِي وَصَدِيقَاتِي عَبْرَ الْحَاسُوبِ.
بَدَأَ الْعَامُ الدِّرَاسِيُّ، وَتَحَدَّيْتُ جَمِيعَ الصُّعُوبَاتِ
بِفَضْلِ اللهِ ثُمَّ أُمِّي الْحَبِيبَةِ
وَمُعَلِّمَتِي الْفَاضِلَةِ نُورَة،
فَأَصْبَحْتُ قَارِئَةً جَيِّدَةً، وَأَصْبَحَ خَطِّي جَمِيلًا جِدًّا،
وَتَعَلَّمْتُ الْكَثِيرَ وَالْكَثِيرَ وَأَنَا لَمْ أَذْهَبْ إِلَى الْمَدْرَسَةِ.
أَدْعُو اللهَ سُبْحَانَهُ أَنْ تَنْتَهِيَ كُورُونَا، وَأَعُودَ إِلَى مَدْرَسَتِي،
وَالْتَقِيَ مَعَ مُعَلِّمَتِي وَصَدِيقَاتِي.
الطَّالِبَةُ:
كِيَان الْقَرْنِيّ.
فِي الِابْتِدَائِيَّةِ الْمِائَتَانِ بِجَدَّة.

الاسم: لجين سامي الثبيتي
العمر: 6 سنوات
المدرسة: الابتدائية المائتان
الصف: 3/1
المعلمة: نورة عبيد السلمي
السَّلَامُ عَلَيْكُمْ وَرَحْمَةُ اللهِ وَبَرَكَاتُهُ..
فِي سَنَةٍ مِنَ السَّنَوَاتِ عَامَ 1442هـ تَحْدِيدًا حَلَّتْ بِنَا
جَائِحَةُ كُورُونَا، وَكَانَ ذَلِكَ سَبَبًا فِي تَغْيِيرِ أَشْيَاءَ كَثِيرَةٍ فِي حَيَاتِنَا الْمُعْتَادَةِ،
وَحِينَهَا أَخْبَرَتْنِي وَالِدَتِي أَنِّي سَوْفَ أَدْرُسُ هَذِهِ السَّنَةَ فِي الْبَيْتِ
عَنْ طَرِيقِ الْحَاسُوبِ، وَسَوْفَ أَتَعَلَّمُ الْقِرَاءَةَ وَالْكِتَابَةَ مَعَ مُعَلِّمَتِي وَصَدِيقَاتِي،
وَكُنْتُ مُتَشَوِّقَةً أَنْ أَذْهَبَ كُلَّ صَبَاحٍ إِلَى الْمَدْرَسَةِ

وَأَتَعَرَّفُ عَلَى صَدِيقَاتِي، وَأَلْتَقِي بِمُعَلِّمَتِي أَكْثَرَ،
وَلَكِنَّ التَّعْلِيمَ عَنْ بُعْدٍ لَمْ يَكُنْ عَائِقًا أَمَامِي،
وَأَصْبَحَ كُلُّ شَيْءٍ جَمِيلًا، وَالْتَقَيْتُ مُعَلِّمَتِي نُورَةَ، وَصَدِيقَاتِي الْجَمِيلَاتِ،
وَأَصْبَحْتُ كُلَّ يَوْمٍ أَتَشَوَّقُ
لِمُشَارَكَةِ صَدِيقَاتِي وَالتَّعَلُّمِ مَعَ مُعَلِّمَتِي نُورَةَ، وَبِالرَّغْمِ
مِنْ مُوَاجَهَةِ بَعْضِ الْمُشْكِلَاتِ فِي شَبَكَةِ الْإِنْتَرْنِتِّ،
وَتَوَقُّفِ الْمَايِكِ الصَّوْتِيّ
إِلَّا إِنَّنِي تَخَطَّيْتُ هَذِهِ الْمُشْكِلَةَ وَالْحَمْدُ لِلَّهِ.
شُكْرًا لَكِ يَا مُعَلِّمَتِي نُورَة
الطَّالِبَةُ:
لُجَيْن سامي الثبيتي.
فِي الِابْتِدَائِيَّةِ الْمِائَتَانِ بِجَدَّة.

الاسم: لليان ماهر أمين
العمر: 6 سنوات
المدرسة: الابتدائية المائتان
الصف: 3/1
المعلمة: نورة عبيد السلمي
أَنَا لِلْيَانُ
السَّلَامُ عَلَيْكُمْ صَدِيقَاتِي..
الدِّرَاسَةَ عَنْ بُعْدٍ..
الْيَوْمَ سَوْفَ نَتَعَلَّمُ
مُعَلِّمَتِي نُورَةَ،
أَتَمَنَّى أَنْ أُقَابِلَ

وَأَتَمَنَّى أَنْ أُقَابِلَ صَدِيقَاتِي وَأُرَاهِنَّ،
وَإِنْ شَاءَ اللهُ تَزُولُ
هَذِهِ الْجَائِحَةُ بِإِذْنِ اللهِ.
شُكْرًا لِمُعَلِّمَتِي نُورَةَ
وَأُمِّي وَأَبِي لِأَنَّهُمْ يُسَاعِدُونِي
الطَّالِبَةُ:
لِليان مَاهِرٌ أَمِين.
فِي الِابْتِدَائِيَّةِ الْمِائَتَانِ بِجَدَّة.

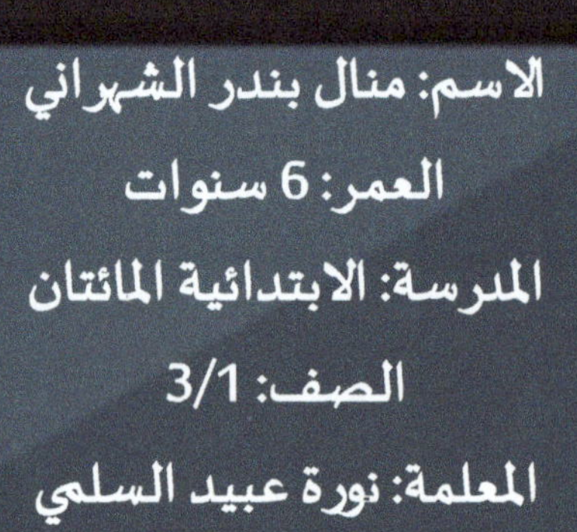

الاسم: منال بندر الشهراني
العمر: 6 سنوات
المدرسة: الابتدائية المائتان
الصف: 3/1
المعلمة: نورة عبيد السلمي

السَّلَامُ عَلَيْكُمْ وَرَحْمَةُ اللهِ وَبَرَكَاتُهُ.. أَنَا مَنَال بَنْدَر الشهراني،
سَوْفَ أَحْكِي لَكُمْ قِصَّتِي مَعَ التَّعْلِيمِ عَنْ بُعْدٍ في جَائِحَةِ كُورُونَا.
كُنْتُ في يَوْمٍ مِنَ الأَيَّامِ مُتَحَمِّسَةً كَثِيرٌ؟
لِاسْتِقْبَالِ أَوَّلِ يَوْمٍ دِرَاسِيٍّ لِي في الصَّفِّ الأَوَّلِ هُنَا في مَدْرَسَتِي الْجَمِيلَةِ،

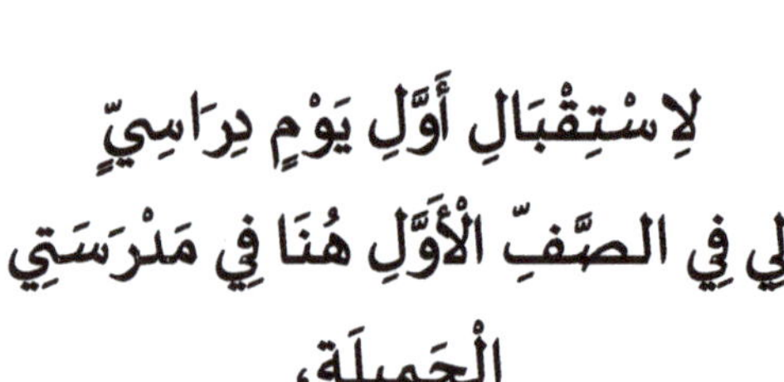

وَمُتَشَوِّقَةً كَثِيرًا إِلَى الْجُلُوسِ هُنَا وَمُشَاهَدَةِ مُعَلِّمَتِي وَهِيَ تَشْرَحُ،

وَأَنْ أَتَعَرَّفَ إِلَى مُعَلِّمَاتِي وَصَدِيقَاتِي،

بِسَبَبِ جَائِحَةِ كُورُونَا..
حَمَانَا اللهُ.

حَزِنْتُ كَثِيرًا، وَفَكَّرْتُ كَثِيرًا..
كَيْفَ لي أَنْ يَبْدَأَ أَوَّلُ يَوْمٍ لي؟
وَكَيْفَ يَكُونُ التَّوَاصُلُ مَعَهُمْ مِنْ خَلْفِ
الشَّاشَةِ؟ وَتَسَاؤُلَاتٌ كَثِيرَةٌ،

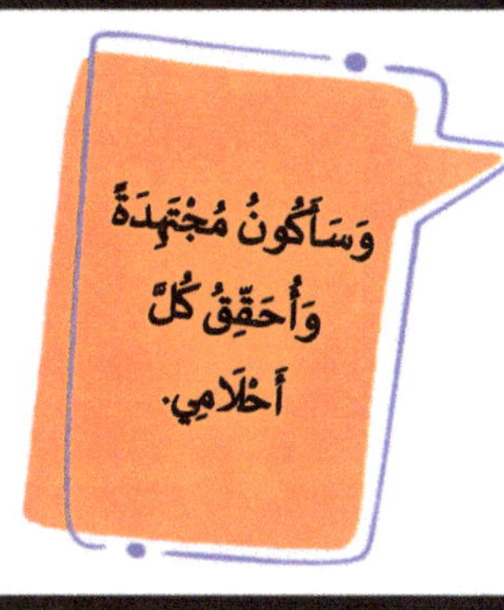

وَبِفَضْلٍ مِنَ اللهِ ثُمَّ بِمُسَاعَدَةِ
وَالِدَتي وَوَالِدي وَمُعَلِّمَاتي
الرَّائِعَاتِ وَمُعَلِّمَتي الْجَمِيلَةِ
نُورَةَ السُّلَمِيّ

تَمَكَّنْتُ مِنَ الْقِرَاءَةِ وَالْكِتَابَةِ وَالتَّعَلُّمِ
جَيِّدًا، وَأَدْرَكْتُ أَنَّ التَّعْلِيمَ لَا يَتَوَقَّفُ،
وَأَنَّهُ يَجِبُ عَلَيْنَا أَنْ نَتَحَدَّى جَمِيعَ
الصِّعَابِ؛ لِكَيْ نُحَقِّقَ مَا نُرِيدُ بِإِذْنِ اللهِ.

الطَّالِبَةُ:
مَنَال بَنْدَر الشَّهْراني.
في الِابْتِدَائِيَّةِ الْمِائَتَان بِجَدَّة.

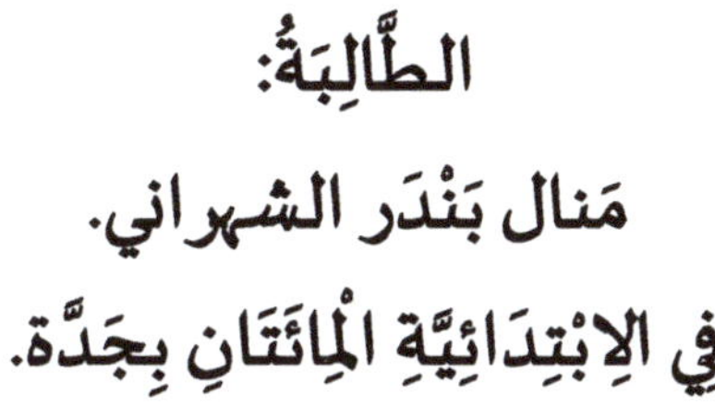

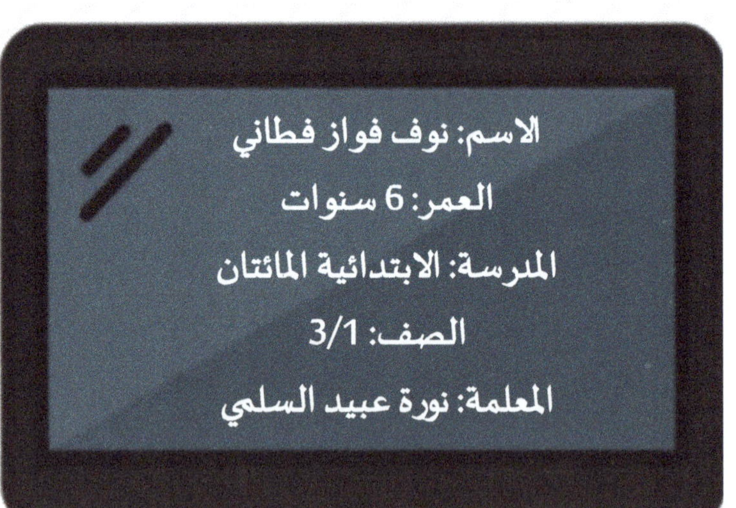

أَنَا نُوف فَوَاز فطاني، عُمُرِي 6 سَنَوَاتٍ، في الصَّفِّ 3 /1، مَدْرَسَتي الْمِائَتانِ..مُعَلِّمَتي نُورَة السُّلَمِيّ.

انْتَهَتْ رِحْلَتَي في الرَّوْضَةِ، وَأَصْبَحْتُ بِالصَّفِّ الْأَوَّلِ الاِبْتِدَائِيِّ، لَكِنَّ جَائِحَةَ كُورُونَا أَوْقَفَتْ ذَلِكَ،

فَقَرَّرَ مَلِكُنَا وَحُكُومَتُنَا التَّصَدِّي لَهَا؛ لِأَنَّ التَّعْليمَ هُوَ جَوَازُ سَفَرِنَا لِلْمُسْتَقْبَلِ، فَأَصْبَحَ التَّعْليمُ عَنْ بُعْدٍ،

تَعَلَّمْتُ مِنْها حُروفَ الْقِراءَةِ، وَمِنْ سَمَّاعَاتِها طَريقَةَ نُطْقِهَا، وَمِنْ كَاميرَتِهَا رَسْمَ الْحَرْفِ، وَكِتَابَةَ الْكَلِمَةِ، وَمِنْ صَوْتِ مُعَلِّمَتي الصَّوْتَ الْقَصيرَ وَالصَّوْتَ الطَّويلَ.

وَرَفْعُ الْيَدِ بِاللَّمْسِ تَنَافَسْنَا لِلْمُشَارَكَةِ أَنَا وَزَميلَاتي، وَأَصْبَحَ الْوَاجِبُ صُورَةً، وَالنَّشَاطُ مِلَفَّاتٍ، وَالْفَصْلُ غُرْفَتي.

فَأَنَا الْآنَ طَالِبَةٌ أُمَيِّزُ الْحُروفَ وَصَوْتَ الْحَرَكَاتِ، وَأَقْرَأُ النُّصوصَ، وَأَكْتُبُ الْكَلِمَاتِ، وَمِنْ صُورَةٍ أُعَبِّرُ بِجُمْلَةٍ.

هَأَنَا الْآنَ كَتَبْتُ قِصَّتي، وَعَبَّرْتُ عَنْ مَشَاعِري بِفَضْلِ اللهِ ثُمَّ التَّعْليمِ عَنْ بُعْدٍ. شُكْرًا بَابَا سَلْمَانُ.. شُكْرًا وَطَني لِأَنِّي بَدَأْتُ رِحْلَتي في التَّعْليمِ.

الطَّالِبَةُ:
نُوف فَوَاز فطاني.
في الِابْتِدَائِيَّةِ الْمِائَتَانِ بِجَدَّة.

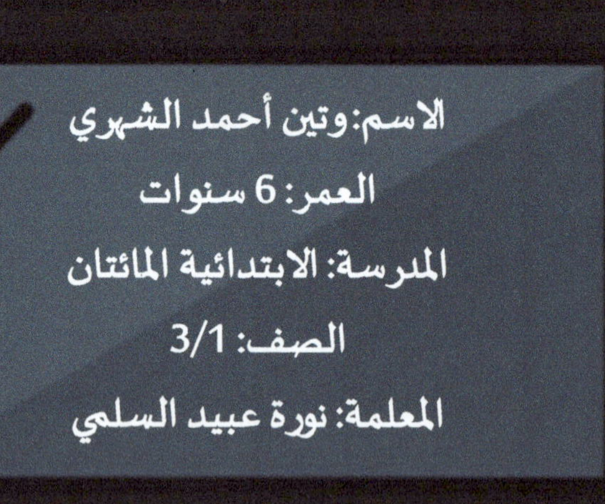

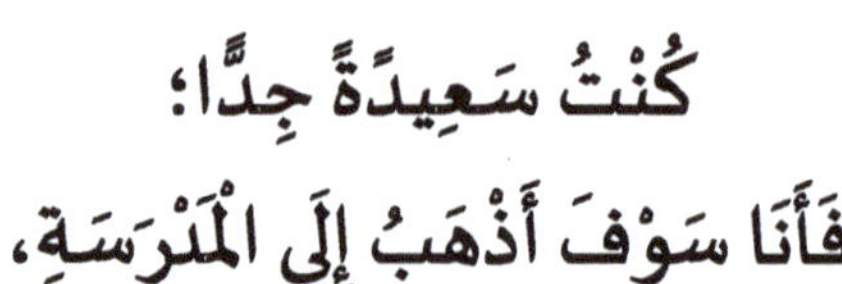

السَّلَامُ عَلَيْكُمْ.. أَنَا وَتِين الشَّهري، وَهَذِهِ قِصَّتِي عَنِ التَّعْلِيمِ عَنْ بُعْدٍ.

كُنْتُ سَعِيدَةً جِدًّا؛ فَأَنَا سَوْفَ أَذْهَبُ إِلَى الْمَدْرَسَةِ،

وَأُقَابِلُ مُعَلِّمَاتِي وَصَدِيقَاتِي، وَأَرَى مَدْرَسَتِي

اسْتِمْرارَ التَّعْليمِ عَنْ بُعْدٍ فَحَزِنْتُ جِدًّا،
وَلَكِنْ بِمُسَاعَدَةِ أُمّي وَمُعَلِّمَتي الرَّائِعَةِ أَبْلَةَ نُورَةَ السُّلَمِيّ
تَحَدَّيْنَا أَصْعَبَ الظُّروفِ، وَنَحْنُ قَادِرُونَ عَلَى تَحْقيقِ حُلْمِنَا؛
فَالتَّعْليمُ عَنْ بُعْدٍ تَجْرِبَةٌ جَميلَةٌ وَمُمْتِعَةٌ،
وَلَهَا فَوائِدُ عَديدَةٌ، مِنْها اخْتِصارُ الْوَقْتِ وَالْجَهْدِ.
وَمِنْ خِلالِ شَاشَتي الصَّغيرَةِ تَعَلَّمْتُ الْقِراءَةَ وَالْكِتابَةَ.
شُكْرًا مُعَلِّمَتي نُورَةَ السُّلَمِيّ..
شُكْرًا أُمّي..
شُكْرًا وَطَني.
الطَّالِبَةُ:
وَتين أَحْمَد الشهري.
في الابْتِدائِيَّةِ الْمائَتان بِجَدَّة.

السَّلَامُ عَلَيْكُمْ.. أَنَا صَدِيقَتُكُمْ وَتِين عَبْد الله السُّلَمِيّ.

لَنْ أَذْهَبَ لِلْمَدْرَسَةِ، وَلَكِنَّ الْمَدْرَسَةَ سَوْفَ تَأْتِي إِلَى بَيْتِي.

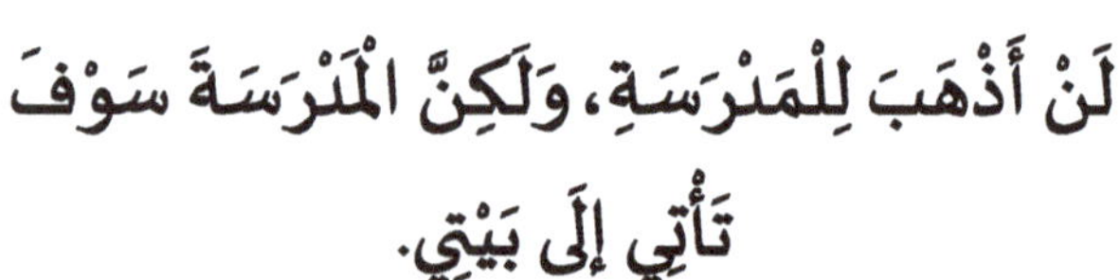

أَخْبَرَتْنِي أُمِّي بِأَنَّهَا سَتُسَاعِدُنِي فِي التَّوَاصُلِ

وَهَذَا جَهَازِي وَأَدَوَاتِي.
سَأَسْتَمِعُ إِلَى مُعَلِّمَتِي، وَأَنْتَبِهُ لِشَرْحِهَا جَيِّدًا.
تَعَرَّفْتُ عَلَى صَدِيقَاتِي مِنْ خَلْفِ الشَّاشَةِ،
وَعِنْدَمَا يَحِينُ الوَقْتُ الْمُنَاسِبُ
سَوْفَ أَلْتَقِي مُعَلِّمَتِي وَصَدِيقَاتِي،
وَسَوْفَ أُحَقِّقُ جَمِيعَ أَحْلَامِي.
شُكْرًا وَطَنِي..
شُكْرًا مُعَلِّمَتِي نُورَةَ..
شُكْرًا أُمِّي وَأَبِي.
الطَّالِبَةُ:
وَتِين عَبْد الله السُّلَمِيّ.
فِي الِابْتِدَائِيَّةِ الْمِائَتَانِ بِجَدَّة.

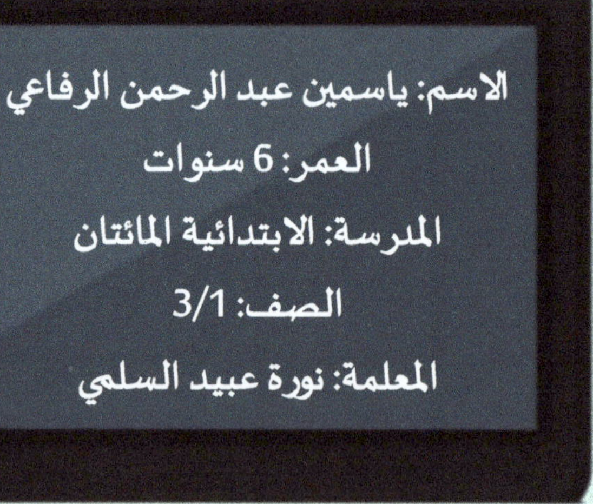

السَّلَامُ عَلَيْكُمْ..
مَعَكُمُ الطَّالِبَةُ ياسْمِين عَبْد الرحمن الرِّفَاعِيّ، أَدْرُسُ في مَدْرَسَةِ الْمِائَتَانِ، وَعُمُري سَبْعُ سَنَوَاتٍ.

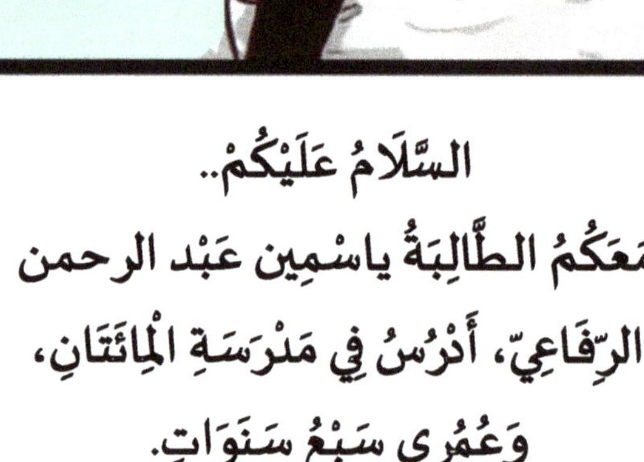

لَحْظَةَ وُصُولِي لِمَدْرَسَتِي الْجَدِيدَةِ، وَأَنْ أَرَى فَصْلِي وَزَمِيلَاتِي وَمُعَلِّمَاتِي،

وَلَكِنِّي تَفَاجَأْتُ بِسَبَبِ فَيْرُوسِ كُورُونَا أَنَّ التَّعْلِيمَ سَيَكُونُ عَنْ بُعْدٍ،

بِفَضْلِ وَطَنِي وَحُكُومَتِي الْغَالِيَةِ،
وَمِنْ خِلَالِ مِنَصَّةِ مَدْرَسَتِي تَخَطَّيْنَا كُلَّ الصُّعُوبَاتِ.
كَانَ تَعْلِيمًا مُمْتِعًا مَلِيئًا بِالْمَعْلُومَاتِ الْمُفِيدَةِ..
أَلْعَابٌ رَقْمِيَّةٌ، وَأَنْشِطَةٌ وَوَاجِبَاتٌ، وَقِصَصٍ واكْتِشافٍ،
فَأَنَا أَتَقَدَّمُ مِن شَاشَتِي الصَّغِيرَةِ
بِالشُّكْرِ الْكَبِيرِ لِمُعَلِّمَتِي الْفَاضِلَةِ نُورَةَ السُّلَمِيّ،
وَمُدِيرَتِي الْغَالِيَةِ أُسْتَاذَة سَمِيرة،
وَأُمِّي الْحَبِيبَةِ، وَوَطَنِي الْغَالِي.
مَعَكُمْ ابْنَتُكُمْ
الطَّالِبَةُ:
ياسْمِين عَبْد الرَّحْمَن الرِّفَاعِيّ
في الِابْتِدَائِيَّةِ الْمِائَتَانِ بِجَدَّة.

هُنَا وَقَدْ وَصَلْنَا إِلَى خِتَامِ هَذِهِ السِّلْسِلَةِ مِنْ قِصَصِ كِفَاحٍ، وَرِحْلَةِ تَحَدٍّ وَقُوَّةٍ، وَتَجَاوُزٍ لِكُلِّ الصُّعُوبَاتِ وَالْمُعَوِّقَاتِ.. أَتَمَنَّى أَنْ أَكُونَ قَدِ وُفِّقْتُ فِي الْكِتَابَةِ، وَأَوْفَيْتُهَا حَقَّهَا عَنِ الْحَدِيثِ عَنْ رِحْلَةِ كِفَاحِي وَكِفَاحِ طَالِبَاتِي.. طَالِبَاتِ الصَّفِّ الْأَوَّلِ.

وَفِي الْخِتَامِ لَا يَسَعُنِي إِلَّا أَنْ أَشْكُرَ اللهَ عَلَى هَذِهِ الْفُرْصَةِ الَّتِي أُتِيحَتْ لِي لِلْحَدِيثِ عَنْ هَذَا الْمَوْضُوعِ، وَالشُّكْرُ مَوْصُولٌ لِحُكُومَتِنَا الرَّشِيدَةِ – حَفِظَهَا اللهُ – وَلِوِزَارَةِ التَّعْلِيمِ، وَلِقَائِدَةِ الْمَدْرَسَةِ، وَلِأَوْلِيَاءِ الْأُمُورِ وَتَعَاوُنِهِمْ، وَلِجَمِيعِ مَنْ سَاهَمَ فِي إِنْجَاحِ التَّعْلِيمِ عَنْ بُعْدٍ.

وَإِلَى اللِّقَاءِ مَعَ سِلْسِلَةٍ جَدِيدَةٍ لِرِحْلَةِ كِفَاحٍ وَتَحَدٍّ.

بِقَلَمِ الْمُعَلِّمَةِ: نُورَة عُبَيْد السُّلَمِيّ.